# ÉTUDE

SUR LA

# COLONISATION EN TUNISIE

PAR

Robert WASTELIER DU PARC,
Propriétaire-viticulteur à Rouiba (Algérie).
Lieutenant de réserve au 1er zouaves.

LILLE,
IMPRIMERIE L. DANEL

1903

# ÉTUDE

SUR LA

# COLONISATION EN TUNISIE

PAR

Robert WASTELIER DU PARC,
Propriétaire-viticulteur à Rouiba (Algérie).
Lieutenant de réserve au 1er zouaves.

LILLE,
IMPRIMERIE L. DANEL

1903

# ÉTUDE

SUR LA

# COLONISATION EN TUNISIE

IPTION SIDÉRA- ONS RALES.

Si, comme on l'a dit avec raison, l'Algérie est le prolongement de la France, on peut dire également que la Tunisie est l'annexe naturelle de l'Algérie.

Bien que moins étendue que sa voisine, sa superficie comprend déjà près de 118.000 kilomètres carrés, soit le quart de la France.

Et pourtant sa population, qui comptait cinq millions d'habitants dans l'antiquité, en atteint à peine actuellement 1.500.000 sur lesquels 50.000 Européens, dont 26.000 Français seulement.

Au point de vue géographique, la Tunisie occupe une position admirable. Commandant à la fois Malte et la Sicile, elle possède une longue ligne de côtes, avec des golfes plus accessibles que ceux de l'Algérie, des rades magnifiques comme celle de Bizerte qui pourrait abriter la plus grande flotte du monde et devenir plus tard, entre nos mains, le Toulon de la France Africaine.

Elle a des terres fertiles et salubres. Ce fut autrefois la plus riche Province riveraine de la Méditerranée. On l'avait appelée le grenier de Rome.

C'est là que fleurit Carthage, dont notre éminent romancier Flaubert a évoqué les splendeurs dans son bel ouvrage de Salambo.

Les ruines grandioses, qui couvrent la Tunisie, rappellent l'importance que ce pays a eue jadis dans l'histoire du Monde.

Ces ruines sont, en même temps, un enseignement utile pour les colons qui recherchent des emplacements. En effet, l'expérience a démontré qu'on peut toujours s'établir avec confiance partout où on rencontre des traces de bourgades ou d'habitations romaines qui, généralement, étaient adaptées aux besoins du pays.

Telles contrées paraissent stériles aujourd'hui, qui ont été fertiles autrefois. C'est à nous à recommencer ce qu'ont fait les Romains, pour leur rendre leur antique prospérité.

Les productions de la Tunisie sont des plus variées.

La merveilleuse fécondité de son sol sous la domination Romaine nous dit assez ce qu'elle peut être encore sous l'impulsion du génie français.

Grâce à un ciel privilégié et partout où il y a de l'eau, la végétation se développe aussi riche que celle du Maroc et des parties les plus favorisées de la France.

Les forêts, que nous conservons avec soin, couvrent près de 500.000 hectares dont le revenu annuel s'élève à trois millions environ.

Près de Zagouhan, se trouve une forêt de thuyas de 40.000 hectares d'un seul tenant.

Sur les plateaux et au centre, se recueille l'alfa, graminée rampante et vivace, plus belle que celle d'Algérie.

On sait le rôle important que tient l'alfa dans la fabrication du papier, surtout en Angleterre.

La vigne a pris, depuis quelques années, un grand développement. Elle produit des vins blancs estimés, semblables à ceux de la Sicile.

Dans la vallée de la Medjerda, s'étendent d'immenses champs de céréales, blé, orge, maïs, froment. Mais la Tunisie pourrait en fournir dix fois davantage, si elle avait plus de bras.

C'est à cette œuvre patriotique que nous convions nos concitoyens.

Faire connaître les ressources agricoles de la Tunisie, contrebalancer l'influence italienne longtemps prépondérante dans ces contrées, en augmentant le peuplement de la colonie par l'élément français, chercher surtout à y attirer les petits colons dont le travail et l'énergie peuvent, seuls, faire fructifier les efforts des capitalistes qui ont déjà acquis des vastes domaines dans la Régence, créer, en un mot, la démocratie agricole, tel est le but que nous nous sommes proposé, en écrivant cet opuscule.

Si nous avions l'espoir de recueillir quelques adhérents parmi nos lecteurs, nous serions heureux d'avoir apporté notre modeste contingent aux études plus complètes de ceux qui, comme nous, ont visité la Tunisie, et qui ont cherché à mettre en relief les avantages de cette belle colonie dont la prospérité s'est accrue si rapidement sous le protectorat français.

TOPOGRAPHIE HYDROGRAPHIE ET CONFIGURATION DU SOL.

La Tunisie est une continuation très adoucie de l'Algérie sur laquelle elle a de grands avantages.

A l'encontre de sa voisine, les montagnes tunisiennes sont, pour la plupart, de longues rampes à pentes douces ou des pyramides isolées qui se détachent dans la plaine comme le Zaghouan au milieu des terres planes et fertiles.

La région des hauts plateaux y occupe une place beaucoup moindre qu'en Algérie.

Les vallées sont partout plus larges que dans la colonie voisine. La région du littoral baignée de deux côtés par la mer, y est beaucoup plus étendue.

Au point de vue de l'hydrographie, la Tunisie a l'avantage d'être arrosée par l'un des plus grands cours d'eau du bassin méditerranéen, la Medjerda. Son cours est de 365 kilomètres, dont 265 en Tunisie. Son principal affluent est l'Oued-Melleg. Tous deux réunis arrosent la plaine de la Daknla, vaste bassin de 750 kilomètres carrés.

Alors que le quart seulement de l'Algérie peut être exploité par une agriculture se rapprochant de celle de l'Europe, la moitié de la Tunisie se prête à une exploitation régulière et intensive du sol. La seule partie qui y soit impropre est la dépression méridionale formée par la région des Chotts ou lacs salés et le désert qui l'entoure.

Le territoire tunisien peut donc offrir à nos colons une étendue utilisable qui égale la moitié de celle qu'ils peuvent féconder en Algérie.

DITIONS ATÉRIQUES ET ITAIRES.
—

Au point de vue du climat, la situation n'est pas moins satisfaisante. La Tunisie, dont les vallées sont largement ouvertes aux brises marines, jouit d'une température plus régulière, plus douce et moins sèche que sa voisine de l'Ouest.

Les pluies y sont plus abondantes et plus régulières.

Quant aux chaleurs, elles sont très supportables pour l'Européen. L'hiver est d'une douceur inconnue même dans le midi de la France. Du temps des Romains la réputation de salubrité de ce pays était absolue. Sénèque disait que ses compatriotes n'y mouraient que de vieillesse.

Du reste, les statistiques militaires, les plus récentes, ont établi que les entrées des soldats à l'hôpital sont bien moindres en Tunisie qu'en Algérie ou même qu'en France.

URE DU SOL
—

Les ressources de la Tunisie pour la culture sont variées et abondantes.

Le sol, suivant les diverses parties du pays, se prête à toutes les productions :

Les céréales, la vigne, l'élève du bétail, la sylviculture, l'olivier, l'oranger, le maraîchage, l'arboriculture, réussissent parfaitement dans la région du Nord et du Centre.

Dans la partie entière et méridionale de celle-ci,

l'olivier prend une grande importance qui peut s'y accroître notablement; dans l'extrême sud s'y ajoute une exploitation qui, confinée d'abord aux mains des indigènes, commence à passer dans celles des Européens, les plantations de palmiers.

CÉRÉALES.

A tout Seigneur, tout honneur, commençons d'abord par les céréales. Il faut se rappeler que la Tunisie a été dénommée autrefois le grenier de Rome et que la production des céréales y occupait une place importante.

D'après Varron, le blé donnait cent pour un dans la province proconsulaire d'Afrique.

Les procédés de culture anciens paraissent correspondre encore à ceux d'aujourd'hui. — La charrue n'a presque pas changé. Il est vrai que la terre, étant plus peuplée, était plus fumée qu'actuellement.

Mais les rendements fructueux ne se produisent que dans les années pluvieuses. Il arrive souvent que la récolte n'aboutit pas dans les régions du sud, par suite du défaut de pluies. Seulement, les années extraordinaires font la compensation.

Ici le concours des indigènes est indispensable pour obtenir des résultats avantageux. Le métayage, sous une surveillance attentive et une direction intelligente, paraît pouvoir donner des produits plus considérables.

VIGNE

Il faut le reconnaître, c'est surtout l'exploitation de la vigne, qui a attiré les colons, bien plus que la culture des céréales, depuis l'occupation française. Les bénéfices, réalisés dans cette culture, en Algérie, ont été un stimulant puissant et ont déterminé les capitalistes à acheter de grands domaines en Tunisie. D'après les dernières statistiques officielles, la surface du vignoble tunisien, qui ne comportait pas plus de 1.600 hectares avant 1881, est passée maintenant à 10.000 hectares environ.

La Tunisie offre un milieu presque partout propice à la création des vignobles. Elle est même plus favorable que l'Algérie à la production du vin. Les terres y sont, d'ordinaire, plus profondes, les vallées plus ouvertes, les pluies plus abondantes, les vents moins desséchants.

Du reste, l'expérience acquise après une vingtaine d'années de culture de la vigne en Tunisie, permet de se prononcer en connaissance de cause.

Les rendements sont abondants, du moins dans les plaines des environs de Tunis et dans les vallées et sur les côteaux de la Medjerda et ses affluents.

Dans cette région, les vignes bien cultivées donnent facilement, même dans les plus grands vignobles, 60 à 70 hectolitres à l'hectare : on arrive même souvent à 80 ou 100 hectolitres, mais ce dernier chiffre ne peut être considéré comme une moyenne pour un grand domaine. Avec de petits rendements, de 30 à 50 hectolitres à l'hectare, le vin pèse 12 à 13 degrés : avec les grands rendements 10 à 11. — Le vin muscat est excellent. — Les vins blancs très bons rappellent ceux de la Sicile. Les vins rouges ne sont pas inférieurs aux vins communs de France ; ils les dépasseraient plutôt.

La viticulture, en Algérie, a fait depuis quelques années de sérieux progrès qui ont été suivis en Tunisie. Les viticulteurs emploient maintenant des appareils perfectionnés qui leur permettent de réaliser de notables économies sur la main-d'œuvre, tout en obtenant un vin d'une couleur et d'un goût plus agréables qu'autrefois.

Cette lutte pour le progrès a suscité une louable émulation parmi les colons. Nos compatriotes du Nord de la France, qui ont apporté en Algérie leurs qualités natives d'énergie et de persévérance dans le travail, se sont distingués, notamment par leur ingéniosité en appliquant à la viticulture des procédés employés dans la fabrication de la bière.

C'est ainsi que M. Brame, de Fouka, secondé par M. Lecq, le savant inspecteur d'agriculture à Alger, ont imaginé de refroidir le moût du vin au moyen de réfrigérants, tels que ceux dont on se sert dans les brasseries du Nord.

Cet appareil, qui s'est répandu rapidement en Algérie, fonctionne également en Tunisie, et rend les plus grands services aux viticulteurs, car il résout, de la façon la plus satisfaisante, le problème redouté de la vinification dans les pays chauds.

La renommée que la Tunisie s'était acquise autrefois pour la production des céréales, s'étendait aussi à la culture de la vigne. Si elle était le grenier de Rome, elle en était aussi la cave ou le cellier. On trouve dans divers auteurs, et notamment dans Pline, des renseignements sur les méthodes suivies par les Romains dans la culture de la vigne. Ces renseignements sont encore utiles à consulter.

En somme, malgré la baisse qui s'est produite sur les vins depuis plusieurs années, la culture de la vigne permet encore aux colons qui peuvent disposer d'un certain capital, de réaliser des bénéfices appréciables.

LEVE BÉTAIL.

Les colons qui ne disposent que de capitaux limités, qui redoutent de les aventurer, et qui se contentent de perspectives bornées, peuvent se mettre à produire du bétail, aussi bien des bœufs que des moutons. La mise de fonds et les frais d'entretien sont peu considérables. En effet, on peut laisser, dans ce cas, presque toute la terre inculte, n'en défricher qu'une faible partie. On n'a besoin que de quelques hangars et de quelques surveillants. On assure que cette industrie rapporte aux hommes entendus 10 à 15 pour cent des capitaux engagés.

ANGERS.

Les orangeries exigent beaucoup d'eau, beaucoup de capital, et beaucoup de temps ; ce n'est guère qu'au bout de huit ou dix ans qu'elles sont en production ; et si on tient compte de tous les intérêts et de tous les frais, on trouve qu'elles ont coûté alors entre cinq et huit mille francs l'hectare. — Il est vrai qu'elles peuvent rapporter annuellement un millier de francs.

OLIVIERS. — L'olivier, lui non plus, ne donne pas vite de grand produits pécuniaires. Toutefois, depuis la baisse de vins, il a repris faveur en Tunisie qui semble être so pays d'élection. La culture de l'olivier peut et doi tenir une place importante dans notre agricultur coloniale. Les dernières statistiques accusaient pour l Régence un total général de 15 millions de pieds.

DATTIERS. — L'exploitation des dattiers dans le Sud prend égale ment un grand développement depuis le percemen des puits artésiens. Elle rapporte, selon les espèces entre deux et dix francs par arbre. Seulement, il fau s'armer d'une longue patience, car il s'écoule dix douze ans avant la période de production.

CULTURES MARAICHÈRES, LES JARDINS. — Les jardins, tels que l'entend en Tunisie le fisc sont les propriétés cultivées avec arrosage, soit par de canalisations amenant l'eau de rivière, soit à l'aide d puits, dans la presqu'île du cap Bon et à Sfax; ce jardins paient un impôt foncier spécial dit m'radja leurs produits sont soumis en outre à des taxes muni cipales nombreuses au moment de leur mise en vente

Les jardins les plus renommés se trouvent dans le environs de Tunis, la Manouba, l'Ariana et la Marsa dans la presqu'île du cap Bon, enfin dans toute l banlieue de Sfax.

Cette culture intensive des fruits de toute espèce es presque monopolisée par les Siciliens et les Maltais qu sont très endurants et très travailleurs. Nos colon français n'ont pas la même résistance physique et son beaucoup plus sujets aux fièvres si fréquentes dans les jardins.

Les facilités croissantes que donnent les relations de plus en plus rapides entre la France et la Tunisie ont déjà développé sensiblement le commerce des primeurs en Tunisie. Il est donc aisé de prévoir que les jardins vont s'étendre et que les colons trouveront dans ce genre de culture une rémunération de nature à provoquer l'accroissement de leur immigration.

ULTURE RESTIÈRE. —

A la flore fruitière, il importe d'ajouter la flore forestière qui constitue une des principales richesses de la Tunisie. A toutes nos essences d'arbres croissant en France, tels que les ormes, saules, frênes, dont on trouve en Tunisie les plus beaux spécimens, on peut joindre une foule d'essences indigènes, susceptibles de fournir aux industries du bâtiment et du meuble les meilleurs bois. Tels sont le jujubier, l'olivier, le citronnier, le myrte, le caroubier, le génevrier, le thuya, le chêne zéen, le chêne liège, dont les différents groupements couvrent plus de 500.000 hectares et assurent trois fois par an, des gains considérables aux adjudicataires de leurs coupes.

Un jardin d'essai, à l'instar de celui d'Alger, créé dans les environs de Tunis par le Protectorat, tient à la disposition des colons, à des prix modiques, les différentes essences d'arbres fruitiers et forestiers dont il peut chaque année, fournir plus de 100.000 pieds.

OUSTRIES IVERSES. —

Certes, la culture du sol tiendra toujours le premier

rang, mais il est également nécessaire que certaines industries, tout au moins accessoires et primitives, s'implantent et s'étendent sur ce sol d'Afrique.

Nous citerons les huileries, les minoteries, les tanneries, les savonneries, malteries, qui ont déjà pris un grand développement.

Toutes les industries extractives surtout peuvent avoir de l'avenir. Les carrières abondent dans le nord de la Régence. La chaux, le plâtre, le marbre, la terre à brique, les fabriques de ciment, les tuileries, la fabrication de carreaux de couleur unis ou à dessins, peut-être aussi de quelques tissus, tapis, objets d'ornementation et de décoration, peuvent, avec le temps, se constituer et fournir de nombreux débouchés à l'activité de nos compatriotes.

Ainsi, depuis quelques années, des plâtrières, fours à chaux, et fabriques de ciment se sont fondées et ont substitué les procédés modernes et un outillage perfectionné à la vieille routine arabe.

Ces établissements, quand ils sont situés à la campagne, deviennent un petit centre qui peut attirer quelques commerçants et même quelques cultivateurs européens, des maraîchers, par exemple, qui obtiennent un débit local de leurs produits.

MINES.

Enfin, les ressources minières de la Tunisie nous paraissent devoir être plus importantes que celles de l'Algérie. Non seulement, comme nous l'avons dit plus haut, elle abonde en chaux, plâtre, marbre, etc., mais aussi elle contient d'énormes gisements de phosphate, principalement dans la région de Gafsa. Il n'est pas besoin de faire ressortir l'importance de ces produits au point de vue agricole.

Au lendemain de l'occupation, on a concédé les mines de fer de Tabarka, d'une part à la grande Compagnie de Mokta-el-Hadid, et, de l'autre, à un comité d'études dit de Tabarka. La Société royale Asturienne, qui est une des compagnies minières les plus florissantes du monde, a obtenu la concession des mines de zinc de Sidi-Ahmet. Ces Sociétés minières, qui emploient un personnel nombreux, rendent, en outre, à la colonie de grands services, en établissant, sans aucune subvention, des voies ferrées, qui, tout en assurant l'écoulement de leurs produits, sont aussi ouvertes au public.

CHERIES.

Il convient également de ne pas oublier une autre richesse naturelle qui peut contribuer au développement de la Tunisie, ce sont ses pêcheries.

La Tunisie, échancrée de tous côtés par la mer, ne compte pas moins de 1.300 kilomètres de côtes qui sont très abondantes en poissons divers.

Le poisson est à très bon marché dans la Régence ; on y a pour un franc ce qui coûterait en France cinq à six francs. Avec des services réguliers et rapides, l'exportation du poisson frais à Marseille et ailleurs, on pourrait obtenir des pêcheries tunisiennes une dizaine de millions par an.

MAIN D'ŒUVRE.

La main d'œuvre est abondante et à bon marché.

Voisine de la Sicile et de Malte, la Tunisie trouve dans la population de ces îles un contingent de travailleurs qui va sans cesse s'accroîssant.

Les indigènes eux-mêmes, Arabes ou Berbères, calmes, dociles, adonnés par goût aux travaux agricoles, fournissent aux colons de précieux ouvriers qui se contentent d'un salaire de 1 fr. 50 à 2 francs, sans nourriture, alors que les Italiens coûtent 2 fr. 50 à 3 francs.

Pour les travaux faciles comme la cueillette des olives et la vendange, on trouve des femmes, des enfants et même des hommes depuis 0 fr. 60 jusqu'à 1 fr. 20 par jour.

Le bétail est généralement à bon marché, comme aussi les chevaux et bœufs de labour. Le meilleur cheval s'y achète 500 francs et moins, le bœuf 300 fr. la paire, et tous deux ont des qualités d'endurance qui les rendent supérieurs à nos meilleures bêtes de trait.

VOIES DE COMMUNICATION

La construction du réseau des routes a marché très lentement jusqu'en 1892. C'est à peine si on construisait soixante kilomètres de routes par an.

Depuis 1892, on a consacré à la construction des routes un crédit de trois millions et on a ouvert à la circulation 500 kilomètres de voies nouvelles. Mais le réseau actuel de la Tunisie, qui ne comprend que 1.200 kilomètres, est tout à fait insuffisant. Sur les quinze stations du chemin de fer de Tunis à la frontière algérienne, deux seulement ont plus de dix kilomètres de chemins empierrés qui leur amènent les produits de l'intérieur ; deux autres en possèdent chacune huit à dix kilomètres ; et les onze qui restent n'en ont pas.

L'État s'était réservé le droit de racheter les voies ferrées de la Compagnie Bone-Guelma, à partir de 1902. — L'opinion publique espérait que le Gouvernement aurait profité de cette occasion pour rester le maître absolu et imposer à la Compagnie l'obligation de créer des voies secondaires dont la nécessité était démontrée.

Cet espoir ne s'est pas complétement réalisé. — Toutefois, la loi du 1er mai 1902 a autorisé le Gouvernement Tunisien à emprunter 40 millions pour la construction des lignes de chemins de fer.

ESSIONS ACHATS TERRES.

Avant même que notre pavillon fût planté en Tunisie, quelques français, de situation modeste, aimant le climat et le sol de l'Afrique, se sentant plus libres dans la Tunisie indépendante que dans notre Algérie si strictement réglementée et administrée, avaient créé quelques domaines ruraux. Au lendemain de l'occupation, les capitalistes français affluèrent. Les achats de terres se firent avec entrain. En 1884, le premier Résident général, M. Cambon, dont on ne saurait trop faire l'éloge, annonçait que nos compatriotes avaient déjà acquis 40.000 hectares par des transactions libres avec des indigènes. On peut dire en ce moment que plus de 700.000 hectares ont été acquis par des Européens.

Les terres disponibles ne manquent pas en Tunisie.

On peut les diviser en trois catégories principales :

1° Le domaine public appartenant à l'Etat représenté par le Bey.

Beaucoup de ces biens avaient été abandonnés jadis à des favoris du bey qui se les étaient appropriées. Dès 1891, le Gouvernement français, d'accord avec le Bey, fit reconnaître une grande partie de ces terres domaniales dont la Direction de l'Agriculture pût faire la remise, à des conditions faciles, aux colons d'origine française désireux de les acquérir.

2° Les biens *Habbouss* ou biens des congrégations religieuses dont l'ensemble atteignait, lors de l'occupation, le quart de la superficie de la Régence.

L'administration française a obtenu du gouverneur Beylical la vente annuelle et la location d'une partie de ces biens pour faciliter la colonisation.

3° On distingue enfin, en Tunisie, la propriété purement privée ou *Melk*, que le propriétaire, Arabe, Berbère, ou colon, tient à la disposition des acheteurs.

Les émigrants ou les colons, qui désirent acheter des terres en Tunisie, peuvent, d'ailleurs, se procurer tous les renseignements utiles, en s'adressant, soit à l'office colonial, à Paris, soit à la Direction de l'Agriculture, à Tunis.

Chaque année, cette administration publie et envoie, sur simple demande, un bulletin des propriétés domaniales à vendre, contenant le plan du domaine, la situation, les voies de communication, son étendue, son aspect, l'indication de l'état du sol et des cultures auxquelles il est propre, le régime des eaux et le prix à l'hectare.

TRICU-
TION
ERRES.

L'achat des terres était, dans les premières années de l'occupation, soumis à de grandes incertitudes, ce qui entraînait une propriété précaire, en raison des coutumes locales. Dès son arrivée sur le sol de la Régence, le colon se trouvait aux prises avec mille obstacles résultant de cette incertitude de la propriété. Il n'en est plus ainsi aujourd'hui, grâce à l'initiative éclairée de M. Cambon, une loi immobilière relative à l'immatriculation foncière garantit maintenant les possesseurs de terres contre tout mécompte. Aussi, les Européens n'achètent plus que des propriétés immatriculées.

LEMENT
NÇAIS
CLUSION.

Si la population rurale française est si peu nombreuse en Tunisie, c'est que, presque nulle part le sol n'a été morcelé.

On n'y trouve que le domaine moyen de cent à trois cents hectares, le grand vignoble de 40 à 400 hectares, le domaine géant de 1.000 à 100.000 hectares.

Il faut que l'initiative privée fasse en Tunisie ce travail de morcellement et de création de centres qui a peuplé l'Algérie. Si les grands propriétaires comprennent la nécessité de morceler leurs immenses domaines, si, d'autre part, les cultivateurs français sont assurés de réussir, en s'établissant en Tunisie comme salariés, métayers ou fermiers, le pays se couvrira bientôt de milliers de petites exploitations habitées par nos compatriotes. Et ainsi se réalisera l'union du capital et de l'émigrant au grand profit de l'œuvre du peuplement français.

Les agronomes algériens les plus distingués s'accordent à reconnaître la nécessité des petites exploitations. On fait sa fortune, disent-ils, sur dix hectares abondamment et régulièrement fumés, tandis qu'on se ruine sur cent hectares mal entretenus.

En somme, nous pouvons le dire sans être taxé d'exagération : de jeunes Français, de 25 à 35 ans, entreprenants, durs au travail, qui voudraient s'installer en Tunisie, ont toute chance d'y accroître leur capital en 12 ou 15 ans, même de le doubler ou le tripler, tout en vivant convenablement. Mais, c'est à la condition de payer de leur personne et de ne pas imiter ces amateurs et ces oisifs qui regardent faire leurs ouvriers pendant quelques heures par jour et qui croient que la tâche d'un propriétaire consiste uniquement à donner quelques ordres, à chasser, et à recevoir. Il faut des caractères bien trempés et énergiques qui se considèrent comme les premiers travailleurs de leur domaine.

Nous demandons que le Gouvernement adopte nettement comme programme politique en Tunisie « la Colonisation par les Français. »

Si on veut coloniser avec de jeunes Français actifs

et déjà acclimatés à la Tunisie, au lieu d'embarquer pour la France, le jour de leur libération, les soldats du corps d'occupation au nombre de 4.000 environ chaque année, ne pourrait-on pas, d'abord, composer ce corps d'occupation des jeunes gens de France qui le demanderaient, puis leur laisser à la libération la faculté de bénéficier de leur retour aux frais de l'Etat pendant plusieurs années ! De cette manière ceux qui seraient tentés de s'établir en Tunisie en auraient le loisir.

Ne pourrait-on pas aussi accorder de semblables facultés aux jeunes soldats ayant fait leur congé en Algérie et qui seraient désireux de séjourner en Tunisie avant de revenir en France ?

Ne pourrait-on pas enfin donner le passage gratuit aux familles des cultivateurs qui demanderaient à venir s'établir en Tunisie ?

L'important est de créer un courant d'immigration continu. L'initiative privée ne peut y suffire. Le concours de l'État et des corps électifs est indispensable pour atteindre ce but éminemment patriotique.

Chacun comprendra la nécessité d'appeler et de fixer, en Tunisie comme en Algérie, une population rurale d'origine Française, assurée, sinon de faire fortune en quelques années, du moins de vivre à l'aise par des exploitations agricoles où les céréales, l'olivier, la vigne, l'élevage se complèteront et s'assureront réciproquement contre les risques climatériques inévitables.

Cette population deviendra elle-même une richesse nouvelle, une cause d'activité normale pour le commerce des villes ; elle favorisera l'exploitation des ressources naturelles du sol et la prospérité générale, tout en fortifiant l'union intime de la Tunisie et de la France.

Qu'il nous soit permis, en terminant, de dire que, depuis l'avénement du nouveau Bey, son Altesse Abohamed-Hadi, la prospérité de la Tunisie se développe de jour en jour.

La haute intelligence et les qualités supérieures qui distinguent ce prince, la popularité légitime dont il est entouré, son Administration à la fois ferme et éclairée, le concours loyal et dévoué qu'il prête au Gouvernement Français, tout contribue à lui assurer l'estime générale et la reconnaissance de nos nationaux.

Aussi, dans son récent voyage en Tunisie, le Président de la République, M. Loubet, s'est plu à lui rendre, au nom de la France, un éclatant témoignage de sympathie.

LILLE, IMPRIMERIE L. DANEL.